COLLECTION

DEMACHY

CATALOGUE

DES

OBJETS D'ART

ET D'AMEUBLEMENT

PORCELAINES DE LA CHINE, DU JAPON ET DE VINCENNES

OBJETS DIVERS

BRONZES DU XVI SIÈCLE

Pendules, Candélabres, Flambeaux, etc., en Bronze du XVIIIe siècle

SIEGES COUVERTS EN ANCIENNE TAPISSERIE

MEUBLES DES ÉPOQUES LOUIS XV ET LOUIS XVI

ET AUTRES

Tapisseries des Flandres et d'Aubusson

TABLEAUX ANCIENS

PAR BOUCHER (FR.), HONDEKŒTER, OUDRY, POURBUS, ROBERT (HUBERT), ETC.

Provenant de la

Collection de feu M. DEMACHY

ET DONT LA VENTE AURA LIEU A PARIS

GALERIE GEORGES PETIT, 8, rue de Sèze

Le Vendredi 24 Mai 1912, à 2 heures

COMMISSAIRE-PRISEUR

Mᵉ F. LAIR-DUBREUIL, 6, rue Favart.

EXPERTS

POUR LES TABLEAUX :

M. GEORGES PETIT assisté de M. PAUL MATHEY

8, rue de Sèze, 8 — 159, rue de Rome, 159

POUR LES OBJETS D'ART :

MM. MANNHEIM
7, rue Saint-Georges, 7

MM. PAULME & B. LASQUIN FILS
10, rue Chauchat — rue Grange-Batelière, 11

EXPOSITIONS

PARTICULIÈRE : Le Mercredi 22 Mai 1912, de 1 h. 1/2 à 6 heures.

PUBLIQUE : Le Jeudi 23 Mai 1912, de [illegible] 1/2 à 6 heures.

CONDITIONS DE LA VENTE

Elle sera faite au comptant.

Les acquéreurs payeront *dix pour cent* en sus des enchères.

L'exposition mettant le public à même de se rendre compte de l'état et de la nature des objets, aucune réclamation ne sera admise une fois l'adjudication prononcée.

Paris. — Imp. Georges Petit, 12, rue Godot-de-Mauroi. — 22123-12

Tableaux Anciens

BOUCHER

(FRANÇOIS)

1704-1770.

Jeux d'amours.

1 — *Groupe de six amours jouant avec des fleurs.*

Haut., 57 cent.; larg.; 1 m. 38.

2 — *Groupe formé de cinq amours et de brebis.*

Haut., 57 cent.; larg., 1 m. 38.

BOUCHER

(FRANÇOIS)

Jeux d'amours.

3 — ***Groupe de cinq amours tenant des oiseaux.***

Haut., 57 cent.; larg., 1 m. 38.

4 — ***Groupe de six amours caressant un chien.***

Haut., 57 cent.; larg., 1 m. 38.

Ces quatre panneaux, d'une grande fraîcheur et d'une précieuse exécution, forment une série très complète de dessus de portes ayant dû servir à la décoration d'un boudoir; ils ont été, pour des besoins ultérieurs, agrandis de chaque côté de vingt centimètres environ, mais la partie ancienne, dans ses dimensions primitives, n'a subi aucunes retouches ni restaurations.

HONDEKOETER

(MELCHIOR)

1636-1695.

5 — ***La Basse-cour.***

Au centre du tableau deux paons qu'entourent coq, poule et poussins; au fond, un paysage montagneux.

Haut., 1 m. 10; larg., 1 m. 35.

OUDRY

(JEAN-BAPTISTE)

1686-1755.

6 — *Après la chasse.*

Épagneul et Saint-Germain se détachant sur un fond de colonnade; à droite, une paire de canards sauvages suspendus à une branche; du même côté, sur le tertre, la signature du maître.

Haut., 1 m. 15; larg., 1 m. 45.

POURBUS

(FRANÇOIS)

1570-1627.

7 — *Portrait d'une dame de qualité.*

Elle est debout, vêtue d'un riche habillement orné à profusion de perles et de galons d'or; à droite, sur une table recouverte d'un tapis, une corbeille de fleurs.

Haut., 41 cent.; larg., 34 cent.

ROBERT

(HUBERT)

1733-1808.

8 — *La Cascade.*

Au centre d'un paysage rocheux, une haute cascade que surmontent des ruines antiques; dans le bas, au premier plan, un pêcheur, deux femmes et un enfant.

Haut., 2 m. 40; larg., 1 m. 90.

ROBERT

(HUBERT)

9 — *Le Canal.*

Dans une atmosphère lumineuse de soleil voilé, un canal en perspective bordé à droite d'une longue enfilade d'arcades; à gauche, au premier plan, près d'une porte de parc, une villageoise pêchant à la ligne; à droite, un grand arbre se profilant sur le ciel, et, au centre, un groupe d'une femme et de trois enfants accompagnés d'un chien.

Haut., 2 m. 40; larg., 1 m. 90.

Ces deux tableaux, formant pendants, sont de la plus belle exécution du maître.

TOCQUÉ

(LOUIS)

(Attribué à)

10 — *Portrait de Marie-Thérèse, impératrice d'Autriche.*

L'impératrice, debout, la main droite tenant le sceptre et la gauche posée sur la couronne impériale, est revêtue d'une robe blanche brodée d'or et d'un manteau rouge doublé d'hermine.

Haut., 2 m. 40; larg., 1 m. 80.

OBJETS D'ART ET D'AMEUBLEMENT

PORCELAINES

11 — Deux vases en céladon gris de la Chine, à décor de feuilles gaufrées sous couverte. Montures en bronze, à guirlandes et rocailles.

Haut., 76 cent.

12 — Vase-balustre en ancien céladon gris craquelé de la Chine, gaufré sous couverte, à décor de feuilles. Monture en bronze.

Haut., 57 cent.

13 — Trois vases-balustres avec couvercles, en ancienne porcelaine de Chine, époque Kien-Lung; décor dit à mandarins, sur fond bleu pâle chair de poule, chargé de fleurs et d'insectes. Bases en porphyre, garnies de bronzes.

Haut., 51 cent.

14 — Potiche avec couvercle, en ancienne porcelaine de Chine, à décor d'arbustes et d'oiseaux sur fond carrelé rouge. Monture en bronze.

Haut., 43 cent.

Guiraud

15 — Vase-rouleau en ancienne porcelaine de Chine, à décor de réserves contenant des paysages, ustensiles, animaux et fleurs sur fond vert piqué, chargé de motifs divers.

Haut., 48 cent.

16 — Groupe de deux carpes, pouvant servir de porte-bouquet, en ancienne porcelaine de Chine : la plus grande est dressée, la gueule ouverte ; l'autre, enroulée autour d'elle, se joue à travers les roseaux du milieu desquels émerge la première. Les deux poissons sont émaillés violet aubergine, les roseaux bleu turquoise. Base en bois ajouré.

Haut., 43 cent.

17 — Vasque ronde en ancienne porcelaine de Chine, époque Kien-Lung, décorée, sur fond gros bleu, de réserves contenant des branches fleuries. Intérieur orné de poissons. Support en bois.

Hauteur de la vasque, 40 cent.
Diamètre de la vasque, 60 cent.

18 — Vasque ronde en ancienne porcelaine du Japon, décorée extérieurement, en bleu, rouge, marron et or, de branches fleuries, rochers et oiseaux. A l'intérieur, des poissons. Socle en bois partiellement doré.

Haut., 40 cent.; diam., 60 cent.

19 — Vasque ronde en ancienne porcelaine du Japon, décorée extérieurement, en bleu, rouge et or, d'une haie fleurie, et intérieurement, de poissons. Support en bois sculpté et doré.

Hauteur de la vasque, 40 cent.
Diamètre de la vasque, 60 cent.

20 — Écritoire trilobée, en ancienne porcelaine de Saxe, décor de fleurs avec imbrications en bleu. Monture en bronze doré à rocailles.

Haut. 14 cent.

21 — Écuelle ronde avec couvercle et présentoir, en ancienne porcelaine tendre de Vincennes, année 1753, à décor de réserves contenant des oiseaux et se détachant sur fond bleu marbré, dit de Vincennes. Encadrements de rocailles et fleurs en dorure.

Diam., 16 cent.

22 — Deux sucriers quadrilobés, avec couvercles et présentoirs, en ancienne porcelaine de Vincennes, à décor de réserves contenant des oiseaux sur fond bleu marbré, dit de Vincennes, avec encadrements de rocailles, fleurs et quadrillés en dorure. Année 1753 pour les présentoirs et 1755 pour les sucriers.

Larg., 15 cent.

OBJETS DIVERS

23 — Plat en étain, de travail allemand de la fin du xvi siècle ou du commencement du xvii siècle. Au centre, le dieu Mars entouré de figures allégoriques; au marli, d'autres figures allégoriques, ainsi que des souverains : Alexandre le Grand, César, etc.

Diam., 49 cent.

24 — Miroir dans un cadre en bois sculpté, à motifs d'architecture, composé de deux colonnettes engagées, dressées sur un entablement orné d'oiseaux et de rinceaux, avec cul-de-lampe à mascaron; il est surmonté d'un fronton couronné de vases et de feuillages. Italie, xvie siècle.

Mentionné et reproduit dans la *Gazette des Beaux-Arts*, p. 37, janvier 1866.

Haut., 56 cent.; larg., 38 cent.

25 — Deux soupières ovales avec couvercles et plateaux en plaqué Pomponne, décorées d'écussons d'armoiries, avec rosace centrale et guirlandes de laurier sur le plateau. Anses feuillagées. Bouton de couvercle en forme de grenade. Fin de l'époque Louis XV.

Grand diam., 48 cent.; petit diam., 36 cent.

26 — Deux candélabres à trois lumières, en argent, à tiges cannelées, enguirlandées de laurier, bases feuillagées et bras de lumières s'échappant d'un motif fleuri surmonté d'une couronne et d'attributs de l'amour. Deuxième moitié du xviiie siècle.

Haut., 38 cent.

27 — Deux vases de style antique, en marbre rouge, à culots godronnés; anses à mascarons.

Haut., 37 cent.

28 — Deux colonnes en marbre rouge veiné, avec chapiteaux ioniques et bases en bronze doré. Socles carrés en marbre noir et brèche violette.

Haut., 2 m. 35.

29 — Deux vases en marbre gris veiné noir, à anses surélevées et avec couvercles.

Haut., 40 cent.

30 — Deux colonnes en granit rose, à chapiteaux ioniques et bases en bronze doré, sur socles carrés en marbre vert de mer et marbre vert campan.

Haut., 2 m. 25.

31 — Grande malle en ancienne laque de Chine, à décor de rochers et fleurs sur fond noir; garnitures de cuivre gravé et doré. Support en bois sculpté et doré.

Haut., 1 m. 20; larg., 1 m. 50.

BRONZES, PENDULES

32 — Petit vase à deux anses-dauphins, en bronze à patine brune, décor de feuillages avec godrons au culot. Travail de Padoue, fin du xve siècle. Couvercle moderne.

Haut., 18 cent.

33 — Mortier en bronze patiné, à décor de vases et rinceaux. Culot godronné, anses en S. Travail italien du xvie siècle.

Haut., 15 cent.

34 — Écritoire triangulaire, en bronze à patine brune, munie de trois compartiments surmontés d'un encrier en forme de vase surbaissé avec couvercle. Décor de rinceaux et chimères avec mascarons et aigles sur l'encrier et figurine d'amour sur le couvercle. Travail de Padoue du xvie siècle.

Haut., 25 cent.

35 — Encrier avec couvercle, en bronze à patine brune, en forme de coupe portée par deux enfants nus et soutenue par un cartouche armorié. Couvercle surmonté d'une figurine d'amour. Padoue, xvie siècle.

Haut., 20 cent.

36 — Lampe en bronze patiné, en forme d'aiguière, ornée d'un mascaron et portée par un pied à quatre coquilles. Inscription funéraire latine sur l'aiguière. Italie, xvie siècle.

Haut., 15 cent.

37 — Horloge de table en bronze doré, de forme ronde, décorée d'une frise de mascarons, mufles de lions, oiseaux et cartouches, et surmontée d'un petit dôme ajouré. La plaque de fond forme cadran solaire et est datée : 1591. Allemagne, fin du xvie siècle.

Diam., 16 cent.

38 — STATUETTE en bronze patiné : Bacchus debout, le bras levé, ayant à ses pieds un lion assis auquel il tend une grappe de raisin. XVIIe siècle. Socle en granit gris et bronze doré.

Hauteur du bronze, 23 cent.

39 — DEUX STATUETTES en bronze patiné : Mars debout, appuyé sur son bouclier et Vénus, également debout, accompagnée de l'amour. Époque Louis XIV. Socles en jaspe, monté bronze.

Hauteur des statuettes, 23 cent.

40 — GROUPE en bronze patiné : Enlèvement de Proserpine par Pluton, d'après Girardon; aux pieds du dieu, une des compagnes de Proserpine, étendue à terre. Fin de l'époque Louis XIV. Base en bois noir et bronze doré.

Haut., 54 cent.

41 — PENDULE en bronze patiné et doré, modèle dit à l'Enlèvement d'Europe; mouvement porté par le taureau, surmonté d'une figure d'Europe, le taureau étant debout sur une base à rocailles, sur laquelle sont placées les figures de l'amour et d'une compagne d'Europe. Cadran signé : *Viger, à Paris.* Époque Louis XV.

Haut., 57 cent.; larg., 44 cent.

42 — PENDULE de forme contournée, en bronze doré, ornée de rocailles, de feuillages et de motifs contournés. Elle repose par quatre pieds sur un socle de même décor. Cadran signé : *Charles Baltazar, à Paris.* Époque Louis XV.

Haut., 63 cent.

43 — DEUX GRANDS FLAMBEAUX en bronze doré, à tiges ornées de chutes de laurier et de trois consoles alternées; bases rondes à tores de laurier, douilles cannelées munies de binets. Époque Louis XVI.

Haut., 35 cent.

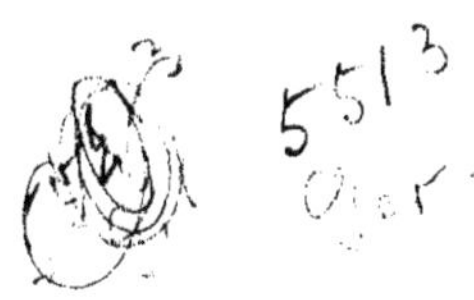

44 — Deux candélabres à trois lumières, en bronze doré, formés chacun d'une statuette de femme debout, le corps en partie drapé, et portant une branche fleurie, tenant lieu de porte-lumières. Bases cylindriques en porphyre rouge et bronze doré. Époque Louis XVI.

Haut., 71 cent.

45 — Deux petits vases simulés, en albâtre oriental, compris dans une monture en bronze doré, composée de deux anses à mufles de lions, de guirlandes de roses, d'un bouquet de fleurs formant bouton de couvercle et d'une base à rangée de pilastres. Époque Louis XVI.

Haut., 27 cent.

46 — Pendule en bronze doré, à cadran tournant, composée d'un vase contenant le cadran, à anses têtes de boucs, guirlandes de laurier et culot feuillagé présentant une étoile marquant les heures. Ce vase repose sur une base de forme contournée et à volutes, supportant deux statuettes drapées à l'antique : femme assise et adolescent tenant un masque. Bronze signé : *Saint-Germain*. Mouvement signé : *Martin, à Paris*. Contre-socle en marbre blanc. Époque Louis XVI.

Haut., 70 cent.; larg., 47 cent.

47 — Deux vases en porphyre rouge oriental, à panses creusées de cannelures obliques, motifs répétés sur les couvercles et les piédouches. Anses à deux mascarons, culots feuillagés, bordures de bases et de couvercles en bronze ciselé et doré, en partie de l'époque Louis XVI.

Haut., 34 cent.

48 — Coupe ronde en porphyre rouge oriental ; anses à volutes et feuillages, du temps de Louis XVI, en bronze doré. Elle repose sur une base en bronze doré, à quatre consoles et à guirlandes de laurier.

Haut., 37 cent.

49 — Quatre appliques à trois lumières, en bronze doré, du temps de Louis XVI, formées chacune de branches de laurier retenues par une draperie nouée, surmontée d'un nœud de ruban et terminée par des glands.

Haut., 60 cent.

50 — Pendule à cadran tournant, en bronze rouge et bronze doré, en forme de vase contenant le cadran et muni de deux anses avec culot feuillagé. Ce vase repose sur un fût de colonnette cannelée et rudentée, ornée de draperies. Bronze signé : *Osmond*. Mouvement signé : *Ch. Leroy, à Paris*. Époque Louis XVI.

Haut., 47 cent.

51 — Quatre bras-appliques, du temps de Louis XVI, à trois lumières, en bronze doré, à gaines cannelées, surmontées d'un vase enguirlandé de laurier. Les branches porte-lumières sont décorées de feuilles.

Haut., 51 cent.

52 — Deux coupes avec couvercles, en bronze doré, simulant des lampes antiques. De forme ovale, elles sont godronnées et présentent à l'une de leurs extrémités un mascaron de dieu marin et à l'autre, une poignée surélevée sur laquelle rampe un lézard. Époque Louis XVI.

Haut., 38 cent.; larg., 33 cent.

53 — Pendule à cadran tournant, en bronze doré, composée d'un vase en métal bleui à anses surélevées, surmonté d'une figurine d'amour et contenant le cadran. Une statuette de femme drapée à l'antique et indiquant les heures de la main droite, est assise sur la base du vase, laquelle se compose d'un fût de colonne cannelée en métal bleui. Époque Louis XVI.

Haut., 66 cent.

54 — DEUX VASES avec couvercles, en ancienne porcelaine de Chine émaillée bleu; montures en bronze doré du temps de Louis XVI, composées d'une collerette à petites feuilles et cannelures, de deux anses contournées à têtes de béliers et d'un piédouche feuillagé, bordé d'un tore de laurier sur plinthe carrée.

Haut., 45 cent.

55 — DEUX PETITS SPHINX couchés, en bronze ciselé et doré, à corps recouverts d'une draperie; bases rectangulaires ornées d'une frise d'entrelacs en bronze ciselé et doré. Contre-socle en porphyre rouge. Époque Louis XVI.

Haut., 20 cent.; larg., 21 cent.

56 — DEUX CANDÉLABRES à cinq lumières, composés chacun d'une statuette de femme debout, drapée à l'antique, en bronze patiné, portant une corne d'abondance, d'où s'échappe le bouquet de lumières, entremêlées de tulipes et d'œillets, en bronze doré. Bases cylindriques à cannelures et guirlandes de laurier, en bronze doré également. Époque Louis XVI.

Haut., 1 m. 18.

57 — PENDULE en bronze patiné et doré, à mouvement supporté par les figures d'Hercule et du Temps. Cadran signé *Manière, à Paris*. Contre-socle en marbre rouge griotte. Époque Louis XVI.

Haut., 48 cent.

58 — DEUX CANDÉLABRES à deux lumières, en bronze doré, en forme de vases enguirlandés, d'où s'échappent les branches de lumières. Socles en marbre blanc. Époque Louis XVI.

Haut., 75 cent.

59 — DEUX BRAS-APPLIQUES à trois lumières, en bronze doré, à gaines supportant une figure d'enfant tenant des guirlandes de laurier, et surmontées d'un vase enguirlandé de laurier. Époque Louis XVI.

Haut., 56 cent.

60 — Deux flambeaux en bronze doré, à tiges et bases cannelées. Époque Louis XVI.

Haut., 27 cent.

61 — Deux flambeaux en bronze doré à tiges et bases cannelées. Époque Louis XVI.

Haut., 29 cent.

62 — Deux grands candélabres à trois lumières, en bronze patiné et doré, composés chacun d'un groupe de deux femmes drapées à l'antique portant le bouquet de lumières. Ce dernier se compose de rinceaux feuillagés et fleuris et présente en son centre un balustre chargé de fruits. Bases en marbre ornées de guirlandes de fleurs en bronze doré. Époque Louis XVI (?).

Haut., 1 m. 20.

63 — Paire de chenets en bronze doré, du temps du premier Empire, composés chacun d'une figure de Flore, tenant un vase et assise sur une lampe de style antique. Bases oblongues décorées d'une frise de jeux d'enfants.

Haut., 48 cent.; larg., 35 cent.

64 — Grande horloge à gaine en marqueterie de bois de couleurs à fleurs, garnie de bronzes : chutes, figure allégorique, statuette du Temps, dragons, etc. Cadran signé : *Causard.*

Haut., 3 m. 10.

SIÈGES

65 — Deux escabeaux en bois ajouré, sculpté et partiellement doré ; décor de cariatides, rinceaux et armoiries, avec chimères sur les dossiers. Travail italien en partie du XVIe siècle.

Haut., 1 m. 18.

66 — Deux escabeaux en bois sculpté et partiellement doré, à décor de rinceaux, cariatides, mascarons et pieds griffes. Travail italien en partie du XVIe siècle.

Haut., 1 mètre.

67 — Six fauteuils à hauts dossiers, en bois sculpté et redoré, couverts en tapisserie au point à fleurs sur fond jaune. XVIIe siècle.

Haut., 1 m. 24.

68 — Canapé en bois doré, couvert en tapisserie d'Aubusson du temps de Louis XV. Sur le dossier, le jeu de Colin-Maillard ; sur le siège, une composition d'animaux, tirée des fables de La Fontaine. Guirlandes de fleurs ; contrefond vert.

Larg., 1 m. 78.

69 — Canapé cintré et quatre fauteuils en bois sculpté et doré, couverts en tapisserie d'Aubusson du temps de Louis XV, à dessin d'animaux dans des paysages sur les sièges, et de groupes de personnages sur les dossiers, avec encadrements de coquilles, de guirlandes de fleurs et de rinceaux feuillagés.

Largeur du canapé, 1 m. 45.

70 — Quatre fauteuils en bois doré, couverts en tapisserie d'Aubusson de la fin du règne de Louis XV, à dessin d'animaux tirés des fables de La Fontaine sur les sièges, de paysannes dans la campagne sur les dossiers. Encadrements de guirlandes de fleurs. Contrefonds verts.

Larg., 62 cent.

71 — Canapé en bois doré, couvert en tapisserie d'Aubusson du temps de Louis XV, présentant, sur le siège, une chasse à la panthère, et sur le dossier, un jeune paysan accompagné d'animaux dans un paysage. Encadrements à draperies rouges et guirlandes de fleurs.

Larg., 1 m. 45.

72 — Quatre fauteuils en bois doré, couverts en tapisserie d'Aubusson du temps de Louis XVI, à dessin d'animaux sur les sièges, de personnages sur les dossiers, avec encadrements à draperies rouges et guirlandes de fleurs, et contrefonds verts.

Larg., 60 cent.

73 — Quatre chaises pouvant accompagner les fauteuils précédents.

Larg, 50 cent.

74 — Quatre fauteuils en bois doré, couverts en tapisserie d'Aubusson en partie du temps de Louis XVI, à dessin d'animaux sur les sièges, de personnages sur les dossiers, avec encadrements à guirlandes de fleurs et draperies.

Larg., 55 cent.

75 — Quatre chaises à dossiers lyres en bois doré, couvertes en tapisserie d'Aubusson du temps de Louis XVI, à dessin de personnages sur les sièges, avec encadrements à draperies rouges et contrefonds verts.

Larg., 45 cent.

76 — Deux chaises à dossiers lyres en bois doré, couvertes en tapisserie d'Aubusson du temps de Louis XVI, à dessin d'animaux sur les sièges, avec fleurs.

Larg., 44 cent.

77 — Deux bergères en bois doré, couvertes en tapisserie d'Aubusson du temps de Louis XVI, à personnages sur les dossiers, animaux sur les sièges, et draperies rouges enguirlandées de fleurs. Contrefonds verts.

Larg., 65 cent.

78 — Deux fauteuils en bois doré couverts en tapisserie d'Aubusson du temps de Louis XVI, à personnages sur les dossiers, animaux sur les sièges, avec draperies rouges, fleurs et contrefonds verts.

Larg., 58 cent.

79 — Deux fauteuils en bois doré, couverts en tapisserie d'Aubusson du temps de Louis XVI, à dessin de trophées d'attributs sur les dossiers et corbeilles de fleurs sur les sièges; encadrements de guirlandes de laurier et de fleurs.

Larg., 60 cent.

80 — Tabouret de piano en bois doré, couvert en tapisserie d'Aubusson du temps de Louis XVI : le Renard et la Cigogne.

Diam., 38 cent.

MEUBLES

81 — Écran en bois doré, feuille en tapisserie au point du XVIIe siècle, à personnages et fleurs sur fond noir.

Haut., 1 m. 05.

82 — Commode à quatre rangs de tiroirs, en bois de placage, ornée d'encadrements, d'entrées de serrure, de poignées, de chutes, d'un cul-de-lampe et de sabots en bronze doré. Époque Régence.

Haut., 88 cent.; larg., 1 m. 40.

83 — Grande armoire plaquée de bois de violette, avec encadrements de cuivre. Époque Régence.

Hauteur, environ 2 m. 17.

84 — Commode à deux rangs de tiroirs, en bois de placage, garnie de bronzes dorés. Tablette de marbre. Époque Régence.

Haut., 83 cent.; larg., 1 m. 15.

85 — Meuble d'entre-deux à hauteur d'appui, à deux portes, en bois de placage, du temps de la Régence. Dessus de marbre. Il a été regarni de bronzes.

Haut., 1 m. 16; larg., 1 m. 32.

86 — Bureau à dos d'âne à toutes faces, décoré au vernis, sur l'abattant et les côtés, de compositions relatives à Vénus et aux amours ; sur le devant, d'une chimère et de feuillages ; sur le revers, de deux amours à corps terminés en rinceaux. L'intérieur, à fond rouge, contient des tiroirs et des compartiments. Garniture de bronzes dorés, à feuillages et rocailles. Époque Louis XV.

Haut., 90 cent.; larg., 80 cent.

87 — Commode à deux tiroirs, de forme contournée, en laque noir et or, à paysages montagneux et habitations sur le devant, et animaux sur les côtés. Chutes, sabots, encadrements, poignées de tiroir en bronze doré. Dessus de marbre brocatelle. Signée : *N. Petit*. Époque Louis XV.

Larg., 1 m. 45.

88 — Commode à deux tiroirs, de forme contournée, en laque à fond noir, à décor de personnages et animaux de style chinois. Chutes, encadrements et sabots à rocailles en bronze doré. Tablette de marbre blanc. Signée : *M. Griaerd*. Époque Louis XV.

Larg., 1 m. 38.

89 — Grande table-bureau à trois tiroirs, en bois de placage, garnie de poignées, chutes et sabots en bronze. Époque Louis XV.

Long., 1 m. 80 ; larg., 75 cent.

90 — Deux consoles, du temps de Louis XV, en bois ajouré, sculpté et redoré, à décor de fleurs et rocailles ; coquilles et sujets de chasse sur la traverse.

Haut., 85 cent. ; larg., 91 cent.

91 — Secrétaire en marqueterie de bois de couleur, à branches feuillagées, muni d'un abattant et de deux portes. Dessus de marbre brèche d'Alep. Signé : *Migeon*. Époque Louis XV.

Haut., 1 m. 36 ; larg., 1 m. 13.

92 — Table de nuit en bois de placage, à deux portes. Dessus de marbre. Époque Louis XV.

Haut., 75 cent.; larg., 46 cent.

93 — Secrétaire à abattant et portes, en bois de placage, garni de bronzes. Dessus de marbre. Fin de l'époque Louis XV.

Haut., 1 m. 35; larg., 1 mètre.

94 — Commode à trois tiroirs, légèrement cintrée, en marqueterie de bois de couleur, présentant un médaillon à personnages, accompagné de deux trophées feuillagés suspendus par des nœuds de ruban. Frise, encadrements, chutes et anneaux de tirage en bronze doré. Dessus de marbre blanc. Fin de l'époque Louis XV.

Haut., 84 cent.; larg., 98 cent.

95 — Commode à deux tiroirs, en laque à fond noir, à sujet de paysages animés, de style chinois. Garniture de bronzes. Dessus de marbre. Signée : *Mevessen*. Époque Louis XVI.

Haut., 87 cent.; larg., 1 m. 12.

96 — Meuble d'entre-deux à hauteur d'appui, en bois de citronnier, contenant quatre tiroirs; côtés cintrés à étagères en marbre. Garniture de bronzes. Dessus de marbre blanc. Époque Louis XVI.

Haut., 91 cent.; larg., 1 m. 68.

97 — Bureau à cylindre, en acajou, garni d'encadrements, de rudentures et d'une galerie en bronze doré. Dessus de marbre blanc. Époque Louis XVI.

Haut., 1 m. 19; larg., 1 m. 28.

98 — Bureau à cylindre, en acajou, à toutes faces, du temps de Louis XVI. Il est garni de chutes, encadrements, frises, etc., en bronze doré.

Haut., 1 m. 27; larg., 1 m. 35.

99 — Secrétaire droit à abattant, portes et tiroirs en laque noir et or, à paysages, fleurs et animaux; chutes et sabots en bronze doré, tablette de marbre brèche d'Alep. Époque Louis XVI.

Haut., 1 m. 48; larg., 1 m. 10.

100 — Bureau à cylindre, en acajou, orné d'encadrements, d'anneaux de tirage et de poignées en bronze. Dessus de marbre blanc, galerie de cuivre. Époque Louis XVI.

Haut., 1 m. 22; larg., 1 m. 60.

101 — Bureau en bois de placage, sur huit pieds-balustres. Travail hollandais du XVIIIe siècle.

Larg., 1 m. 02.

TAPISSERIES

102 — Quatre tapisseries en hauteur, du temps de Louis XV, présentant chacune des personnages sur fond de paysage, encadré de palmiers enguirlandés de fleurs, reliés à leur cime par des draperies bleues à franges et glands d'or. La première offre une jeune paysanne debout, contemplant un groupe de tourterelles; la seconde, une fillette assise, à qui un jeune paysan apporte une colombe. Sur la troisième, un jeune garçon enlève prudemment le fichu d'une fillette endormie. La quatrième est décorée d'une fillette faisant un sacrifice à l'Amour.

Haut., 3 mètres; larg., 1 mètre.
Haut., 3 mètres; larg., 1 m. 15.
Haut., 3 mètres; larg., 1 m. 12.
Haut., 3 mètres; larg., 1 m. 05.

103 — Tapisserie rectangulaire d'Aubusson du temps de Louis XV, présentant un paysage animé de personnages, et traversé par une rivière. A gauche, une tour; au premier plan, des animaux, et au milieu des arbres, un berger et une bergère. Bordure simulant un cadre.

Haut., 2 m. 90; larg., 3 m. 85.

104 — Quatre panneaux en tapisserie d'Aubusson du temps de Louis XV, à décor de groupes de paysans dansant ou jouant dans la campagne. Guirlandes de fleurs dans la partie supérieure.

Hauteur moyenne, 1 m. 90; larg., 1 m. 80, 2 metres, 1 m. 55.

105 — Tapisserie rectangulaire du XVIIIe siècle, présentant un écusson armorié, aux armes de Stanislas Ier Leczinski, roi de Pologne, puis duc de Lorraine, entouré des colliers des ordres de Saint-Michel et du Saint-Esprit et timbre de la couronne royale. L'écusson est soutenu par deux aigles, portant l'un les armes du duché de Bar, l'autre celles du duché de Lorraine. Fond composé d'un pavillon surmonté d'un dais, sur contrefond chargé des bars du duché de Bar et des croix de Lorraine. Bordure simulant un cadre présentant un monogramme timbré d'une couronne de duc, avec écusson armorié quatre fois répété aux angles.

Haut., 3 m. 70; larg., 1 m. 88.

106-107 — Deux tapisseries rectangulaires flamandes, du XVIIIe siècle, à sujets dans la manière de Teniers : la Diseuse de bonne aventure, composition de personnages, paysans et enfants sur fond de paysage, avec cours d'eau et château au fond; les Fumeurs, groupe de paysans assis autour d'une cuve, fumant la pipe et parlant à un chasseur. Fond de paysage avec chaumière. Bordure simulant un cadre.

Haut., 3 m. 50; larg., 2 m. 30.
Haut., 3 m. 50; larg., 2 m. 23.

108 — Tapisserie flamande du XVIIIe siècle, présentant une kermesse dans la manière de Teniers, animée de nombreux personnages dansant, faisant de la musique, voulant se colleter, etc., sur fond de paysage. Bordure simulant un cadre.

Haut., 2 m. 60; larg., 3 m. 20.

www.ingramcontent.com/pod-product-compliance
Ingram Content Group UK Ltd.
Pitfield, Milton Keynes, MK11 3LW, UK
UKHW020531180726
13839UKWH00005B/2444